BEI GRIN MACHT SICH IHR
WISSEN BEZAHLT

Vor- und Nachteile von DevOps. Wann eine Nutzung im Unternehmen sinnvoll ist

Octavian Zaiat

Bibliografische Information der Deutschen Nationalbibliothek:

Die Deutsche Nationalbibliothek verzeichnet diese Publikation in der Deutschen Nationalbibliografie; detaillierte bibliografische Daten sind im Internet über http://dnb.d-nb.de abrufbar.

ISBN: 9783346348333
Dieses Buch ist auch als E-Book erhältlich.

Druck und Bindung: Books on Demand GmbH, Norderstedt Germany
Gedruckt auf säurefreiem Papier aus verantwortungsvollen Quellen

Das vorliegende Werk wurde sorgfältig erarbeitet. Dennoch übernehmen Autoren und Verlag für die Richtigkeit von Angaben, Hinweisen, Links und Ratschlägen sowie eventuelle Druckfehler keine Haftung.

Das Buch bei GRIN: https://www.grin.com/document/989277

FOM Hochschule für Oekonomie & Management

Hochschulzentrum Frankfurt am Main

Berufsbegleitender Studiengang zum Bachelor of Science

Wirtschaftsinformatik

5. Semester

Scientific Essay

(Umfang: 2269 Wörter)

DevOps

Autor: Octavian Zaiat

Abgabedatum: 28.12.2020

Inhaltsverzeichnis

Abbildungsverzeichnis

Abkürzungsverzeichnis

Abkürzung	Erklärung
ITIL	Information Technology Infrastructure Library

1. Einleitung

Die Digitalisierung durchdringt alle Bereiche eines Unternehmens und stellt neue Anforderungen an die IT-Abteilungen, die gezwungen sind, effizienter und schneller auf verändernden Marktbedingungen zu reagieren und verbesserte und innovative Produkte auf den Markt zu bringen, um der Konkurrenz zu wiederstehen und die Kundenbeziehungen zu behalten. Das kann nur dann gelingen, wenn die IT-Abteilungen zusammenarbeiten, indem sie ihre gemeinsamen Prozesse transparent mitgestalten. DevOps stellt eine Reihe von Lösungsansätzen zur Verfügung, um die Zusammenarbeit zwischen der Softwareentwicklung und dem IT-Betrieb zu verbessern.[1] Damit lässt sich festhalten, dass agile Prinzipien nicht nur in der Entwicklung, sondern auch im IT-Betrieb eingesetzt werden und eine entscheidende Rolle im Entwicklungsprozess spielen können. Unternehmen wie Amazon, oder Netflix haben früh erkannt, dass Agilität die Entwicklungszeit verkürzen und schnelle Anpassungen am Projekt vornehmen kann.[2]

Das Ziel dieser Arbeit ist, den Ansatz von DevOps zu beschreiben, auf die Vor- und Nachteile dieses Ansatzes einzugehen und abschließend darzustellen, wann die Einführung und Nutzung von DevOps sinnvoll und nicht sinnvoll ist.

2. Definition des Begriffs „DevOps"

DevOps setzt sich aus Development und IT-Operations zusammen. Das Wort „DevOps" entstand 2009 auf einer Konferenz in Belgien unter dem Namen „DevOpsDays", das im Anschluss auf Twitter unter dem Hashtag #devops eine schnelle Verbreitung verzeichnet hatte.[3] DevOps ist kein Framework oder Technologie, sondern wird in der IT-Welt als eine Kultur dargestellt, die sich auf die schnelle Bereitstellung von IT-Diensten durch die Einführung agiler und schlanker Praktiken im Kontext eines systemorientierten Ansatzes konzentriert. DevOps versucht die Zusammenarbeit zwischen Development und IT-Operation mit Hilfe verschiedener Automatisierungstools zu verbessern.[4]

DevOps ist aus der Notwendigkeit bestimmter Probleme aus dem Development und IT-Betrieb entstanden und beinhaltet Techniken, Prozesse und Methoden, die das Ziel verfolgen, eine einwandfreie Koordination zwischen den beiden Bereichen zu ermöglichen.[5]

---

[1] Vgl. *Halstenberg, J. u. a., DevOps,* 2020, S. 1.
[2] Vgl. *Alt, R. u. a., Innovationsorientiertes IT-Management mit DevOps,* 2017, S. 21.
[3] Vgl. ebd. S. 23.
[4] Vgl. https://aws.amazon.com/de/devops/what-is-devops/, Zugriff am 14.12.2020.
[5] Vgl. ebd. S. 24.

3. Zusammenarbeit zwischen Development und IT-Betrieb

3.1 Prozesse

Um die entwickelten Funktionalitäten so schnell wie möglich in Produktion zu bringen, bedarf es einiger Methoden und Prozesse, die erforderlich sind, um die Kommunikation zwischen Geschäft, Development und IT-Betrieb zu verbessern. In diesem Kapitel werden die wichtigsten Prozesse und Methoden dargestellt.

3.1.1 The-Three-Ways

Der erste Weg beschreibt, wie der *Fluss* zwischen zwei Prozesse gesteigert werden kann, damit die Software so schnell wie möglich an den Kunden geliefert werden kann. Für die Steigerung dieses *Flusses*, auch Flow genannt, können folgende Maßnahmen ergriffen werden:[6]

- Die Arbeit soll sichtbar gemacht werden, indem visuelle Scrum- oder Kanban-Boards genutzt werden, damit jeder Mitarbeiter den Prozessstatus sehen kann.
- Die Anzahl der zu lösenden Aufgaben soll verringert werden, da eine solche Verringerung das Risiko von Fehlern minimieren und die Qualitätssicherung vereinfachen kann.
- Bestimmte Abläufe sollen automatisiert sein.
- Überflüssige Arbeiten, die dem Endbenutzer keinen Mehrwert bringen, sollten eliminiert werden.
- Es sollen nur so viele Aufträge angenommen werden, die innerhalb der gegebenen Frist ordnungsgemäß bearbeitet werden können.

Der zweite Weg baut auf den ersten Weg auf und beschreibt, wie Feedback dazu beitragen kann, Die Zusammenarbeit andauernd zu verbessern.[7] Dank des konstruktiven und kontinuierlichen Feedbacks können Probleme frühzeitig erkannt und vermieden werden. Folgende Punkte müssen in diesem Schritt beachtet werden:[8]

- Es sollen automatisierte Tests erstellt werden, die dafür sorgen, dass der Zustand des Codes auslieferbar ist.
- Es sollen gemeinsame Ziele zwischen Entwicklung und IT-Betrieb festgelegt werden.
- Beim Fehlschlagen der Tests soll das „Fließband" gestoppt werden.

---

[6] Vgl. https://www.nine.ch/de/blog/the-three-ways-die-prinzipien-von-devops-und-warum-auch-andere-teams-eines-unternehmens-davon-profitieren-koennen, Zugriff am 15.12.2020.
[7] Vgl. *Halstenberg, J. u. a., DevOps,* 2020, S. 13.
[8] Vgl. *Kim, G. u. a., Projekt Phoenix,* 2015, S. 324.

Der dritte Weg beschreibt, wie aus Fehlschlägen, kontinuierlichem Experimentieren und Eingehen von Risiken gelernt werden kann. Dies schafft eine Kultur, die eine Verbessrung des Arbeitssystems anstrebt.[9] Folgendes gilt in diesem Schritt zu beachten:[10]

- Feste Zeiten einplanen, um bestehende Prozesse zu optimieren.
- Experimentelle Szenarien festlegen, um Fehlerquellen zu finden und mögliche Lücken zu schließen.
- Vorhandenes Wissen und neue Kenntnisse mit allen Projektbeteiligten teilen, damit jedes Teammitglied davon profitieren kann.

In der Abbildung 1 wird das Prinzip der drei Wege veranschaulicht.

Abbildung 1: Die drei Wege

Zweiter Weg: Feedback

Dritter Weg: Fortwährendes Experimentieren und Lernen

Dev Ops

Erster Weg: Flow

Quelle: Halstenberg, J. u. a., (2020), S. 12.

3.1.2 Agilität

Agilität kommt vom agilen Projektmanagement und spielt eine wichtige Rolle in der Softwareentwicklung. Da diese Methode zunehmend in der Softwareentwicklung eingesetzt wird, ist Agilität natürlich auch bei DevOps von entscheidender Bedeutung. Damit dies funktioniert, müssen alle am Prozess Beteiligten (z. B. Mitarbeiter, Lieferanten oder andere Rollen) die Prinzipien der Agilität verstanden haben.[11] Eine sehr gute Möglichkeit Prozesse agil zu gestalten, bietet das Framework *Scrum*, bei dem alle Aktivitäten in sog. Sprints stattfinden. Scrum in DevOps unterscheidet sich nicht viel von Scrum aus der Softwareentwicklung. Hier werden Kundenanfragen in Form von Anforderungen im Produkt Backlog aufgenommen, damit diese in

---

[9] Vgl. ebd. S. 324.
[10] Vgl. https://www.nine.ch/de/blog/the-three-ways-die-prinzipien-von-devops-und-warum-auch-andere-teams-eines-unternehmens-davon-profitieren-koennen, Zugriff am 15.12.2020.
[11] Vgl. *Negri, C., Führen in der Arbeitswelt 4.0,* 2019, S. 45.

Sprints umgesetzt und an den Kunden ausgeliefert werden können. Die Unterscheidung besteht darin, dass die Zusammensetzung des Teams in DevOps anders als bei eigentlichem Scrum ist. Bei DevOps sind viele Fachleute involviert, (z.B Analysten, User-Experience-Designer, Entwickler) und nicht nur die klassischen Rollen, wie der Product Owner, Scrum Master und Development-Team.[12]

3.2 Methoden

Die Software durchläuft meistens bis zu ihrer Auslieferung verschiedene Aktivitäten. Diese sind unter anderem: Planung, Codierung, Entwicklung, Integration, Implementierung, Test, Bereitstellung und Betrieb. Da die Prozesse einen gewissen Grad an Komplexität aufweisen und die Auslieferung der Software schnellstmöglich an den Markt übergeben werden soll, gibt es bei DevOps unterschiedliche Konzepte, mit denen versucht wird, neue Releases durch eine Art „Pipeline" automatisiert zu erzeugen.[13] In der Abbildung 2 kann schematisch den Ansatz von DevOps betrachtet werden.

Abbildung 2: DevOps

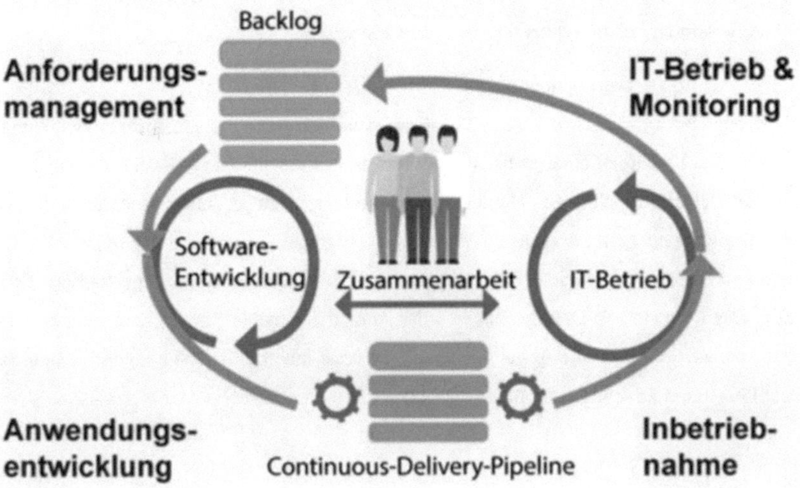

Quelle: Hanschke, I., (2017), S. 50.

---

[12] Vgl. *Meister, C., DevOps – Erfolgreich Entwicklung und IT-Betrieb verbinden, 2020*, S. 109.
[13] Vgl. *Halstenberg, J. u. a., DevOps, 2020*, S. 15-16.

3.2.1 Continuous Delivery

Continuous Delivery ist ein Konzept, das insbesondere bei DevOps zum Einsatz kommt. Der Grundgedanke ist, dass sich die Software permanent in einer *Delivery Pipeline* befindet. Die Pipeline besteht aus einer Reihe dedizierter Softwareentwicklungs- und -Verwaltungstools, einschließlich der gesamten Entwicklungs- und Testumgebung. Während der Pipeline muss die Software nach dem *Build*-Prozess zahlreiche Tests durchlaufen, bis sie den Status *deployed* erhält. Bei DevOps liegt der Fokus auf der vollständigen Automatisierung, um so die Lieferzeit zu verkürzen und die Entwicklungseffizienz zu steigern.[14]

3.2.2 Continuous Integration

Continuous Integration ist eine Methode in der agilen Softwareentwicklung, bei der Entwickler den entwickelten Code kontinuierlich in die Software integrieren. Ein typisches Merkmal dieses Ansatzes ist, dass Codeänderungen minimiert und ein- oder mehrmals täglich in den Quellcode eingefügt werden sollten.[15] Durch die regelmäßige Integration der Arbeitsergebnisse können Integrationsrisiken besser behandelt werden, da diese frühzeitig erkannt werden. Der Zweck dieses Konzepts besteht darin, den generierten Code zu verifizieren, zu validieren und ihn während des gesamten Lebenszyklus fortlaufend zu testen.[16]

3.2.3 Continuous Deployment

Continuous Deployment ist die letzte Phase der Automatisierung des Softwareentwicklungsprozesses und beschreibt einen vollständigen Prozesszyklus, in dem die Codeänderungen jede Phase der Delivery Pipeline durchlaufen, um die Software nach der Inbetriebnahme in die Produktionsumgebung zu übertragen. Im Vordergrund steht bei Continuous Deployment die Kooperationsverbesserung zwischen Development und IT-Operation durch regelmäßiges Feedback.[17] Das Konzept von Deployment erfordert, dass der gesamte Prozess automatisiert wird, um sicherzustellen, dass alle Abhängigkeiten und Tests integriert und durchgeführt sind. Bei dieser Phase sind folgende Vorteile hervorzuheben:[18]

---

[14] Vgl. *Alt, R. u. a., Innovationsorientiertes IT-Management mit DevOps*, 2017, S. 27-28.
[15] Vgl. https://www.ionos.de/digitalguide/websites/web-entwicklung/continuous-integration/, Zugriff am 16.12.2020.
[16] Vgl. *Halstenberg, J. u. a., DevOps*, 2020, S. 18-19.
[17] Vgl. *Alt, R. u. a., Innovationsorientiertes IT-Management mit DevOps*, 2017, S. 29.
[18] Vgl. *Vadapalli, S., DevOps: Continuous Delivery, Integration, and Deployment*, 2018, S. 27.

- Fehler können reduziert bzw. die Qualität des Produkts erhöht werden.
- Der konsolidierte Zugriff auf alle Prozess- und Ressourcendaten führt zu einer schnellen Fehlerbehebung und Markteinführung.
- Durch häufige Releases wird die Software schnellstmöglich ausgeliefert.
- Die aktuellste Version des Produkts ist in einem auslieferungsfähigen Zustand auf den Markt verfügbar.
- Durch eine zentralisierte Ansicht aller Phasenaktivitäten kann der Prüfungsaufwand reduziert werden.

4. Vorteile und Nachteile von DevOps

Ziele

Wie schon in den vorherigen Kapiteln erwähnt wurde, besteht das Hauptziel von DevOps darin, die Zusammenarbeit zwischen Entwicklung und IT-Betrieb zu verbessern. Letztendlich verfolgt DevOps neben einer stabilen Zusammenarbeit auch andere Ziele:[19]

- Neue Funktionen sollen mittels einer kontinuierlichen Lieferung zum Endbenutzer gelangen.
- Zwischenmenschliche Reibung soll reduziert werden.
- Engpässe sollen beseitigt werden.
- Arbeitszufriedenheit und Teamproduktivität soll durch mehr Selbstverantwortung der Entwickler gesteigert werden.
- Software soll in kurzer Zeit und in bester Qualität ausgeliefert werden.
- Es soll eine schnelle Markteinführung der Software ermöglicht werden.
- Schwere Fehler während der Entwicklung sollen vermieden werden.
- Die Produktqualität nach jeder Produktionsphase soll gleichbleiben oder erhöht werden.

Vorteile

Die Einführung von DevOps bringt viele Vorteile. Diese Vorteile stellen hauptsächlich die Schaffung eines gegenseitigen Vertrauens zwischen Entwicklung und IT-Betrieb sicher und bilden die Grundlage für die zukünftige Zusammenarbeit. Ein weiterer Vorteil ist, dass im Vergleich zu anderen Softwareentwicklungsansätzen die Arbeit transparenter wird und die Releases schneller in die Produktion gehen. Mit dem Einsatz von DevOps kann die Geschwindigkeit von Entwicklungsprozessen beschleunigt werden und das führt dazu, dass die Kunden ihre Ergebnisse schneller erhalten. Auf Probleme und Hindernisse kann umgehend reagiert werden,

---

[19] Vgl. *Mathis, C., SAFe – Das Scaled Agile Framework*, 2018, S. 134-135.

da bei diesem Ansatz ein besseres Zeitmanagement herrscht. Durch automatisierte Abläufe wird die Produktivität gesteigert und mit Hilfe agiler Methoden kann der Projektverlauf an die Bedürfnisse des Kunden angepasst und priorisiert werden.[20]

Nachteile

DevOps weist auch einige Nachteile auf, die berücksichtigt werden müssen. Zunächst muss DevOps im Unternehmen eingeführt werden, die alten Prozesse und Strukturen müssen abgeschafft werden. Dies kommt nicht immer gut bei den Mitarbeitern an, da die Mitarbeiter keine permanente Bereitschaft zum Erlernen neuer Technologien zeigen.[21] Die beiden Bereiche, Entwicklung und IT-Betrieb stehen nun vor neuen Herausforderungen. Der Autor Inge Hanschke formulierte in seinem Buch *Agile in der Unternehmenspraxis* folgende Herausforderungen, die bei DevOps anzutreffen sind:[22]

- „Funktionierende Continuous-Delivery-Pipeline; auch in der Cloud"
- „Transport der Artefakte von der Anwendungsentwicklung in den IT-Betrieb"
- „Fehlende Definition-of-Done und *unfertige* Features"
- „Organisationsstruktur und -kultur"
- „24/7-Betrieb und Monitoring"
- „Informationssicherheit"

Das alles zeigt, dass DevOps nicht so einfach zu implementieren ist und möglicherweise nicht für jedes Unternehmen die ideale Wahl ist.[23]

---

[20] Vgl. https://mindsquare.de/knowhow/devops/#vorteile-von-devops, Zugriff am 17.12.2020.
[21] Vgl. https://mindsquare.de/knowhow/devops/#vorteile-von-devops, Zugriff am 17.12.2020.
[22] *Hanschke, I., Agile in der Unternehmenspraxis,* 2017, S. 50.
[23] Vgl. *Weinreich, U., Lean Digitization,* 2016, S. 186.

5. Der Nutzen von DevOps

Dieses Kapitel beschäftigt sich mit der Frage, wann die Nutzung und Einführung von DevOps in Unternehmen sinnvoll sein kann, und wann eben nicht.

Für Unternehmen, die sich mit Entwicklung von Software beschäftigen, führt kein Weg an DevOps vorbei. Die in Kapitel 4 genannten Vorteile können zeigen, dass letztendlich jeder von diesem Ansatz profitieren kann. Besteht bei den Unternehmen das Bedürfnis, einen schnellen Übergang des Releases von der Entwicklungsphase zu der Inbetriebnahme zu schaffen, sollte dann DevOps definitiv eingeführt werden. Bevor DevOps in Unternehmen eingeführt wird, müssen umgehend die Ziele des Unternehmens klar definiert und die folgenden Fragen beantwortet werden:[24]

- Was sind die Implementierungskosten?
- Wie groß ist der Steuerungs- und Verwaltungsaufwand der beteiligten Bereiche?
- Ist die (Voll)Automatisierung überhaupt realisierbar?

DevOps stellt hohe Anforderungen an die IT-Infrastruktur eines Unternehmens. Daher kann sich nicht jedes Unternehmen die Einführung von DevOps leisten und wird generell von großen Unternehmen eingeführt, die eine hochentwickelte- und komplexe IT-Infrastruktur besitzen.[25]

Wenn klassische Projektmanagementmethoden das Unternehmen dominieren und sie nicht durch agile Konzepte ersetzt werden können, sollte DevOps im Unternehmen nicht eingeführt werden. Dies bedeutet, dass der DevOps-Ansatz auch nicht funktioniert, wenn im Unternehmen keine Agilität vorhanden ist. Ist die Philosophie des DevOps nicht verstanden, dann wird es für Unternehmen schwierig sein, den Ansatz von DevOps umzusetzen, denn im Mittelpunkt stehen nicht die Technologien, sondern die Menschen. DevOps eignet sich nicht in Entwicklungen, die eine sehr starke Planbarkeit erfordern, da hierbei Release-Fehler nicht toleriert werden und das Ergebnis möglichst präzise sein sollte.[26]

---

[24] Vgl. https://www.secondreality.com/wann-ist-der-einsatz-von-devops-fuer-unternehmen-sinnvoll-und-welche-voraussetzungen-sind-fuer-maximale-effizienz-in-der-agilen-entwicklung-sowie-dem-betrieb-von-software-zu-erfuellen/, Zugriff am 18.12.2020.
[25] Vgl. *Weinreich, U., Lean Digitization,* 2016, S. 186.
[26] Vgl. https://link.springer.com/article/10.1365/s40702-017-0293-6, Zugriff am 18.12.2020.

6. Kritische Betrachtung

Die in dieser Arbeit im Unterkapitel 3.2 vorgestellten Methoden habe ich nur in groben Zügen behandelt, da eine ausführlichere Beschreibung dieser Methoden den Rahmen dieser Arbeit gesprengt hätte. Hier wurden die wichtigsten Methoden und Prozesse erläutert, die in DevOps auftreten, umfasst jedoch nicht alle möglichen Methoden und Maßnahmen. Diese sind unter anderem, Microservices, Überwachung und Protokollierung, Infrastruktur in Form von Code oder Cloud Computing.[27] Die Phasen der Softwareentwicklung wurden in dieser Arbeit ebenfalls nur kurz erwähnt und nicht im Detail erörtert. Hier hätte ich mehr auf die jeweilige Phase eingehen können. Dies war aber aufgrund der limitierten Anzahl an Wörter nicht möglich.

7. Fazit

Ziel dieser Arbeit war, den DevOps-Ansatz möglichst tiefgehend zu beschreiben, die Vor- und Nachteile darzustellen und schließlich zu erklären, wann es sinnvoll ist, DevOps in Unternehmen zu verwenden und einzuführen, und wann es dessen Einführung keinen Sinn macht. Auf den vorherigen Seiten wurde zunächst der Begriff *DevOps* erläutert und im Anschluss die Zusammenarbeit zwischen Entwicklung und IT-Betrieb beschrieben. Das Kapitel 4 geht auf die Ziele des DevOps ein und beschreibt die Vor- und Nachteile dieses Ansatzes. Anschließend wird im Kapitel 5 erläutert, wann DevOps eingeführt und genutzt werden sollte.

Diese Arbeit zeigt deutlich, dass sowohl die Entwicklung als auch der IT-Betrieb zwei untrennbare Bereiche für den schnellen Produktionsbetrieb einer Anwendung sind, vor allem wenn das Ziel darin besteht, neue Releases schnell und effektiv für Endkunden freizugeben. DevOps kombiniert bekannte Techniken wie Scrum, Kanban und ITIL und sorgt dafür, dass wiederkehrende Aufgaben und Prozesse automatisiert werden und unterstützt so die kontinuierliche Integration von besseren Softwarefunktionen und IT-Diensten. Mit DevOps können nicht alle Herausforderungen und Probleme der IT gelöst werden, aber mit dessen Hilfe kann eine Kultur geschaffen werden, die sehr gut und schnell auf Veränderungen reagieren kann.[28]

---

[27] Vgl. https://aws.amazon.com/de/devops/what-is-devops/, Zugriff am 20.12.2020.
[28] Vgl. *Halstenberg, J. u. a., DevOps,* 2020, S. 47-48.

Literaturverzeichnis

Alt, Rainer, Auth, Gunnar, Kögler, Christoph (Innovationsorientiertes IT-Management mit DevOps, 2017): Innovationsorientiertes IT-Management mit DevOps - IT im Zeitalter von Digitalisierung und Software-defined Business, Wiesbaden: Springer Gabler, 2017

Negri, Christoph (Führen in der Arbeitswelt 4.0, 2019): Führen in der Arbeitswelt 4.0, Berlin, Heidelberg: Springer Berlin Heidelberg, 2019

Halstenberg, Jürgen, Pfitzinger, Bernd, Jestädt, Thomas (DevOps, 2020): DevOps - Ein Überblick, Wiesbaden: Springer Fachmedien Wiesbaden GmbH, 2020

Hanschke, Inge (Agile in der Unternehmenspraxis, 2017): Agile in der Unternehmenspraxis - Fallstricke erkennen und vermeiden, Potenziale heben, Wiesbaden: Springer Vieweg, 2017

Kim, Gene, Behr, Kevin, Spafford, George (Projekt Phoenix, 2015): Projekt Phoenix - Der Roman über IT und DevOps, Beijing et al.: O'Reilly, 2015

Mathis, Christoph (SAFe – Das Scaled Agile Framework, 2018): SAFe – Das Scaled Agile Framework - Lean und Agile in großen Unternehmen skalieren : [SAFe 4.5 inside, 2., überarbeitete und aktualisierte Auflage, Heidelberg: dpunkt.verlag, 2018

Vadapalli, Sricharan (DevOps: Continuous Delivery, Integration, and Deployment, 2018): DevOps: Continuous Delivery, Integration, and Deployment with DevOps, Packt Publishing - Explore the high-in demand core DevOps strategies with powerful DevOps tools such as Ansible, Jenkins, and Chef, Birmingham: Packt Publishing, 2018

Weinreich, Uwe (Lean Digitization, 2016): Lean Digitization - Digitale Transformation durch agiles Management, Berlin et al.: Springer Gabler, 2016

Meister, Curt W. (DevOps - Erfolgreich Entwicklung und IT-Betrieb verbinden, 2020): DevOps - Erfolgreich Entwicklung und IT-Betrieb verbinden: Grundlagen und Werkzeuge für eine erfolgreiche DevOps-Implementierung, Norderstedt: BoD – Books on Demand, 2020

Internetquellen

aws. (2020). *Was ist DevOps?* Abgerufen am 14.12.2020 von https://aws.amazon.com/de/devops/what-is-devops/

nine-cloud navigators. (2018). *The Three Ways - die Prinzipien von DevOps und warum auch andere Teams eines Unternehmens davon profitieren können.* Abgerufen am 15.12.2020 von https://www.nine.ch/de/blog/the-three-ways-die-prinzipien-von-devops-und-warum-auch-andere-teams-eines-unternehmens-davon-profitieren-koennen

ionos. (2020). *Continuous Integration: Die kontinuierliche Integration erklärt.* Abgerufen am 16.12.2020 von https://www.ionos.de/digitalguide/websites/web-entwicklung/continuous-integration/

mindsquare. (Böhlke, Lewin, 2018). *DevOps.* Abgerufen am 17.12.2020 von https://mindsquare.de/knowhow/devops/#vorteile-von-devops

secondreality. (o. J). *Wann ist der Einsatz von DevOps für Unternehmen sinnvoll?* Abgerufen am 18.12.2020 von https://www.secondreality.com/wann-ist-der-einsatz-von-devops-fuer-unternehmen-sinnvoll-und-welche-voraussetzungen-sind-fuer-maximale-effizienz-in-der-agilen-entwicklung-sowie-dem-betrieb-von-software-zu-erfuellen/

SpringerLink. (Lichtenberger, Alex, 21.02.2017). *Fünf kritische Erfolgsfaktoren für eine erfolgreiche DevOps Transformation.* Abgerufen am 18.12.2020 von https://link.springer.com/article/10.1365/s40702-017-0293-6

BEI GRIN MACHT SICH IHR WISSEN BEZAHLT

- Wir veröffentlichen Ihre Hausarbeit,
  Bachelor- und Masterarbeit

- Ihr eigenes eBook und Buch -
  weltweit in allen wichtigen Shops

- Verdienen Sie an jedem Verkauf

Jetzt bei www.GRIN.com hochladen
und kostenlos publizieren